T0127222

The Folding Star
and Other Poems

The Folding Star and Other Poems

by
Jacek Gutorow

※

Translated from the Polish
and with an Introduction by
Piotr Florczyk

BOA Editions, Ltd. ※ Rochester, NY ※ 2012

First Edition
12 13 14 15   7 6 5 4 3 2 1

For information about permission to reuse any material from this book, please contact
The Permissions Company at www.permissionscompany.com or e-mail permdude@
eclipse.net.

Publications by BOA Editions, Ltd.—a not-for-profit corporation under section 501 (c)
(3) of the United States Internal Revenue Code—are made possible with funds from a
variety of sources, including public funds from the New York State Council on the Arts,
a state agency; the Literature Program of the National Endowment for the Arts; the
County of Monroe, NY; the Lannan Foundation for support of the Lannan Translations
Selection Series; the Mary S. Mulligan Charitable Trust; the Rochester Area Community
Foundation; the Arts & Cultural Council for Greater Rochester; the Steeple-Jack Fund;
the Ames-Amzalak Memorial Trust in memory of Henry Ames, Semon Amzalak and
Dan Amzalak; and contributions from many individuals nationwide.

Cover Design: Sandy Knight
Cover Art: Christina Brinkman
Interior Design and Composition: Richard Foerster
Manufacturing: Thomson-Shore
BOA Logo: Mirko

Library of Congress Cataloging-in-Publication Data

Gutorow, Jacek.
  [Poems. English & Polish]
  The folding star and other poems / by Jacek Gutorow ; translated with an
introduction by Piotr Florczyk. — 1st ed.
     p. cm.
  Text in English and Polish.
  ISBN 978-1-934414-88-0 (alk. paper)
  I. Florczyk, Piotr. II. Title.
  PG7207.U86A2 2012
  891.8'518—dc23
                          2011036963

Lannan

BOA Editions, Ltd.
250 North Goodman Street, Suite 306
Rochester, NY 14607
www.boaeditions.org
A. Poulin, Jr., Founder (1938–1996)

CONTENTS

Introduction

Polish poetry enjoys a singular status in the United States. Cherished by ordinary readers and critics alike, the poems of Miłosz, Szymborska, Herbert, and Zagajewski have played an important role in shaping the aesthetic development of American poetry over the last forty years. Anecdotal evidence suggests that emerging poets also read the Polish masters, finding unexpected relevance in the particular historical and moral context that marks much of Polish poetry. Yet the four poets mentioned earlier represent only the tip of the iceberg and, one might add, they belong almost exclusively to what has been dubbed the Polish School of Poetry: a poetry endowed with the voice of individuals manhandled by history and grappling to make sense of the human condition vis-à-vis the world at large.

Arguably, this has led to the narrowing of the critical discourse surrounding Polish poetry in the United States. The scene in Poland is no less fragmented than what we have here, and many poets, particularly those who came of age after the fall of communism in 1989, have looked for literary models elsewhere. But unlike many of his contemporaries, Jacek Gutorow didn't jump on the bandwagon with those who called for the overthrow of Poland's poetic masters, many of whom he's written about in his critical essays. Insofar as he did feel it was time to "air out the room" a bit, he chose to turn his energies and formidable intellect mainly toward studying and translating British, Irish, and American poets.

Jacek Gutorow, who was born in 1970, is a poet of the imagination. Like Wallace Stevens, whom he has translated, Gutorow harnesses his imagination in part to repel the onslaught of reality. In a typical Gutorow poem, the poet dredges his thoughts and feelings for the smallest of nuggets of insight, a momentary reprieve from his cacophonous surroundings. This isn't to say, however, that Gutorow is an escapist poet. Quite the contrary, his poems are deeply rooted in language, albeit in language that he probes and examines as if it were some tangible component of his own being. In fact, one of the qualities I found most exciting when I first began to read his poems was his remarkable willingness to bore into language, so to speak, and peel back its multistoried structure of feeling and thought.

Gutorow is a champion of the meditative lyric, but, unlike Stevens, his private preoccupations have a striking way of turning outwards, inviting others to partake in their luscious peregrinations. Gutorow's own work has always been more individualistic than the choral voices of many emerging Polish poets. Much of this uniqueness owes to the mellow nostalgia that tinges so many of his lyrics. Gutorow's poems are ontological gems of time and place, endowed with the poet's desire not only to examine, but also to penetrate the dull scaffolding we erect about ourselves as we move through our daily lives. For Gutorow, to merely describe something doesn't suffice; instead, the methodical probing of the world's linguistic and phenomenological trappings provides the impetus for yet another round of examinations—however futile or maddening they may prove to be.

In the end, Gutorow is an artist who seeks to shatter the veneer of existential numbness and arrive at the essence of being in a particular moment—as it contracts, expands, and vanishes. The steady gaze, surgical precision, and syntactical richness of Gutorow's poems speak to unhurried and lasting meditations, which, in their turn, beg to be revised time and again. Indeed, his is a lifelong project, and one that should broaden our understanding of Polish poetry. If we also keep in mind that, in addition to writing his own poetry, he also translates American and British poets and publishes a new book of criticism every couple of years, we can begin to appreciate his insatiable drive to make sense of his world, and to make it whole.

—Piotr Florczyk

Hebrajszczyzna

z Charlesa Reznikoffa

Ja też mam tylko dwa czasy:
czas pamięci i czas tęsknoty.

Czas pamięci: tyle rzeczy przeszło.
Czas tęsknoty: tyle rzeczy się nie zdarzy.

Próbuję to zapisać w twoim pięknym języku,
ale wychodzi bazgranina.

Wychodzi i nie wraca.

Hebrew

after Charles Reznikoff

I have only two tenses:
the memory tense and the longing tense.

The memory tense: so many things have passed.
The longing tense: so many things won't happen.

I try to write this down in your beautiful language,
but only a scribble comes out.

Comes out and doesn't come back.

Preludium

Chłopiec stał na wąziutkim balkonie.
Było popołudnie: słońce rzucało ścięte romby i trójkąty,
a gdzieś w labiryncie zmywanych naczyń
i dymu z papierosów zaczynała się jesień.

Sosny i szpaki odrysowane naprędce
od siebie; szara strefa w paski
i krople; niezgrabne wiersze
w dolnej szufladzie komody
lub, bywało, niżej, ale to już we śnie,
prowadzony zgrabiałą ręką przez poziomy
szumu bądź szelestu? Kto by to spamiętał?

Było popołudnie, nic specjalnego.
Żaden materiał na wiersz, same niedoróbki uczuć
i liście spadające jak z rękawa nocy
wprost w lustrzane odbicie zeszłorocznej murawy.
I nieśmiałość chłopca, który nie robił różnicy
udzielanej przestrzeni, a wiatr kluczał w koronach drzew
jak niespecjalnie trafna metafora.
A może metafora była trafna, ale życie do niej nie
dorastało?

Rodzaj instytutu liści, niewątpliwie. Bo szło się pod górę
z gałązki na gałązkę, jak po stopniach, w dość nieoczekiwany
przebłysk wiosennego słońca – bo po drugiej stronie
wiersza i szutrowego snu
był kwiecień, złożony jak dłoń dziecka
karmiącego koszatkę w rogu pokoju.
A w nocy było ciszej, tak jakby deszcz był szyfrem;
tropy wiodły w przeszłość, która na pewno
niosła odroczone słowa, sypała nimi dokoła.
a on chodził i łapał, i tylko to się liczyło.

Apocryphal

A boy stood on a narrow balcony.
The sun cast its trapezes and triangles,
and autumn was getting underway somewhere
in a labyrinth of dishwashing and cigarette smoke.

Pines and starlings stenciled one another:
gray sphere of stripes and dots.
There were awkward poems in the bottom
drawer or, sometimes, even lower,
but only in dreams in which a raking hand
led him through layers of rattle and hum—
does anyone remember?

It was afternoon, nothing special.
No material for a poem, only impenetrable feelings
and leaves falling down the drain of the night,
erasing last year's pattern.
And the shyness of the boy who didn't care
for the legendary space, and the wind scheming in the treetops
like a poor metaphor.

An institute of leaves, certainly. And you kept swerving off
into the exact sunshine above woods where seasons
changed, folded like a child's hand feeding a guinea pig
in the corner of the room. The night was quiet.
The rain was a code, the little arrows pointing
to the future tense. And the boy
was walking around, grasping at the air,
and nothing else mattered.

Wiersz przeciw podróżom

Masz sześć lat
i marzysz o podróży
do Ameryki.

Mija trzydzieści lat
i nic nie jest w stanie oddać
tego marzenia.

Nawet podróż do Ameryki.

Against Travel

You're six years old
and dreaming about a trip
to America.

Thirty years go by
and nothing's capable of giving you back
this dream.

Even a trip to America.

Bug

I

Kręci się, zwija, splata
wokół dużego palca
jak kamienna obroża.

Wychodzi gdzieś bokiem,
poza ten bród, brud
w fałdach skóry, cierpliwie
żłobione bruzdy, kropla po kropli

do jakiegoś zarośniętego wewnątrz.

Podskórne słońce
i szczeciniasta noc
na tych zwojach
z prądem rzeki,

która niesie
i niesie
własne brzemię
na długich barkach.

Bug River

I

It spins, curls, weaves
around the big toe
like a stone collar.

It goes out sideways, somewhere
beyond this ford, dirt
in the folds of skin, lines
furrowed patiently, drop by drop

to some overgrown interior.

The subcutaneous sun
and the bristly night
in these scrolls
carried by the current

that shoulders
and shoulders
its own burden
on long barges.

II

Krąży nad śpiącym ciałem,
rozwija swoją wstęgę.

Nocą jest czas
niedokonany:
stalowa konstrukcja
wbija się w niebo;
lecą błękitne iskry,
oplątują dzikie wino
jego twarzy.

Jest czarne pole
z załamaniami faktury;
oddech przebija się na drugą
stronę tafli.

Jaka będzie barwa dnia,
kiedy wstanie na rwącym nurcie,
dusząc resztki snu?
Krąży tak i krąży
w zamkniętym obiegu
rozerwanych więzów.

II

Circling over a sleeping body,
the river unravels its ribbon.

Night brings the imperfect tense:
the sky's a steel limit;
sparks falling down.

There is a black field
with a sunken texture;
a breath struggles to break
through the surface.

What will the color of the days be
when they get carried by the swift current,
smothering the remnants of sleep?

The river keeps on spiraling
within the closed circuit
of interlaced bonds.

III

Wyjaśnijmy ciemne zakola, piaszczyste ścieżki
biegnące o stopień wyżej, ujęte w perspektywie
szeroko rozlanych wód. Wybierzmy jaśniejsze barwy
dla tej pory dnia: rdzawe wzgórza i jasny pigment
obłoków, choć zbiera się na burzę. Wyświećmy wnętrza
naszych myśli, które gonią w piętkę. Niech to będzie deszcz
zmywający kolejne pokłady.

IV

Wieloraki. Bez końca luzuje
zapieczone śluzy. Wije się jak wąż
i uparcie snuje opowieść o nocy
odbitej w rowach
i studniach
bez pamięci.

Jeszcze jedno *votum separatum*.
Jeszcze jeden płomień
przyrzeczony wiatrom.

IV

Multiple. Endlessly loosening
sealed locks. The river writhes
like a snake and stubbornly spins
a tale about the night reflected
in ditches and wells
just off its bed.

Another *votum separatum*.
Another flame
promised to the winds.

V

Jest teraz wszystkim: obejmuje pejzaż
w jednym wielkim skrócie,
marszczy topolowe brwi.
Meander. Hieroglif.
Sunie wolno na plecach stepów
ku różowej wstążce wschodu.

Jeszcze jeden zwrot w nurcie rzeczy,
aż połączą się za słońcem
delty.

Wypatruje drugiego brzegu.
Mnie.

V

It envelops the landscape
in one great abbreviation,
wrinkles the brow of the poplars.
Meander. Hieroglyph.
It glides over the backs of steppes
towards the pink ribbon of the east.

Another turn in the course of things
until they fuse beyond the sun
of the delta.

The river is looking out for the other shore.
Me.

Niedokończony przekład z Vermeera

J.

Delft nigdy chyba nie było piękniejsze.
Żółte plamy mają w sobie coś pszczelego.
Przestrzeń zacina się w miejscu
i jest faktura dnia: rdzawe sęki.

Tak, pędzlem byłoby szybciej.
Na razie otwierasz resztę okien,
potem myjesz włosy. Zatrzymujesz się w drzwiach
jak w kadrze. Rząd topoli bierze we władanie

tło: szare zacieki. My też spotkaliśmy się nad kanałem.
Pejzaż rozpadał się na nieregularne kafelki
i był chaos słońca, jak teraz, kiedy w rogu pokoju
zbierają się świetliste odłamki.

Na moim ulubionym obrazie czytasz list.
Fusy opadają na dno filiżanki, pozostaje
soczysta klarowność poranka, w którym
żółte miasto odzyskuje wzrok.

24

Unfinished Translation of Vermeer

for J.

Delft has never seemed more beautiful.
The yellow splashes resemble something apian.
The expanse stalls in its tracks—
the texture of the day: russet knars.

Yes, a brush would make this quicker.
Meanwhile you open the remaining windows,
then wash your hair. Stop in the doorway
as in a frame. The row of poplars takes up the reign

of the background: gray dampness. We too had met by a canal.
The landscape was collapsing into irregular tiles
and the sun was in chaos, like today, when the shining
slivers collect in the corner of the room.

You are reading a letter in my favorite painting.
Grounds sink to the bottom of a cup, and what remains
is the rich clarity of the morning, in which
the yellow city recovers its sight.

Maki

Świeżo przyniesione z pola.
Ich bezgłośne czuwanie na tle
białej ściany. Płatki nasycone
czerwienią do przesady.
Kiedy skończy się hurt znaczenia
i zastąpi go detal przypadku?
Cienie na ścianie nie mają sobie
nic do zarzucenia, może tylko łagodną obojętność
rzeczy trwalszych niż myśl, która je zrodziła.

Bonnard's Poppies

Fresh from the field.
In silent vigil against the background
of the white wall, their petals
oversaturated with redness.
When will the wholesale of meaning end
and give way to the retail of chance?
The shadows on the wall have nothing
against each other, except the calm indifference
of things more permanent
than the thought that gave them birth.

Rozbieg

Radość ma we mnie poplecznika,
kiedy tak biegnę przez zaśnieżone pole,
a śmierć ma otwarte oczy,
którymi zagląda do prawej kieszeni,
gdzie w zaciśniętej dłoni
leci i leci plastikowy samolot.

Child

Joy thinks I'm on its side
when I run through a snowy field
but death keeps its eyes open
and looks into my right pocket
where a plastic airplane
flies and flies in a clenched fist.

Usytuowanie drzew

Sień i ganek jak zakole rzeki, za którą
wparł się w ziemię brzuchaty kasztan.

Świerk w ogrodzie to świadek
przelotów dzikich gęsi i maszt
z widokiem na kaskady dachów.

Po drugiej stronie drogi trzy topole,
do których chiało się przyłożyć rękę
(niedokończone w jesiennej mgły).

Najdalej przysiadła lipa.
Samotna, bez celu, na skraju widzialnego świata.

On Situating Trees

The hallway and the porch like a bend in the river.
Then a big-bellied chestnut dug into the ground.

The garden spruce plays witness
to vanishing wild geese and a mast
with the view of cascading roofs.

Across the road three poplars
one would like to put a hand to
(unfinished in the fog of autumn).

The lime tree keeps its distance.
Lonely, aimless, on the edge of the visible world.

Kompozycja

Stoi wpisana w szpaler topól
gdzieś na końcu świata
pod przypadkowym niebem
w naprędce skleconych dekoracjach.
Ma za sobą długi pusty tunel
niedokończonych zieleni, zadr, ran
które nie chcą się goić. Słońce rozgrywa
kolejną partię i szumnie obwieszcza (nie dla niej):
kwiecień-plecień, pulsowanie wód.

Dalej jest tylko stukot kół
i czyjaś ważna twarz z profilu
w skośnym świetle lampki.
Dziewczynko z liściem w dłoni,
nic nie mogę dla ciebie zrobić –
będziesz stała tam po kres świata,
w ostatecznej komunii z tym, co nie nadeszło,
co obchodzi cię z boku. Biegniesz wstecz
jak zagadka, ku własnym początkom.
Tkwisz uparcie w tej nieruchomej pozie,
z której nie wyrwie cię żadna dorosłość,
choćbyś ją przytuliła w (fałszywym) uścisku.

The Yellow Bicycle

She sees herself written off the poplars
somewhere at the end of the world
under the random sky
in hastily rigged-up decorations.
She pulls a long tattered train
of unfinished meadows, splinters, wounds
not eager to heal. The sun plays
another hand and has its say (not to her):
April weather, rain and shine both together.

Further on there's only the rush of wheels
and a profile of someone else's face
in the slanted glare of a little torch.
Girl with a leaf in your hand,
I can do nothing for you—
you'll stand there until the end of the world,
in the ultimate communion with what hasn't arrived
and walks around you. You run backwards
like a riddle, to your own beginnings,
and remain stubbornly in a pose
no adulthood can break you from.

Medytacja

Problem granicy: w mgnieniu oka kilkanaście wron
traci indywidualność i staje się stadem. Podobnie teraz –
narwane sekundy znikają w kwadransach, kwadranse
przelewają swoją wartość na konto popołudnia.
Czas płynie, ale przestrzeń nie jest gorsza:
stado wron przecina skosem niebo. Jakby nowy kontynent
wychodzący naprzeciw właśnie rodzącym się kartografom
i ich snom. Wcześniej czy później stado rozpadnie się na
pojedyncze ptaki. Morze podzieli się na fale. Z fal powstaną krople.
Misterne popołudnie rozsypie się na ziemi jak ziarno
w dogasającym świetle zachodu. Wszystko będzie policzalne.
Pokój cichy jak zegar pozbawiony wskazówek.

Slur

The problem with boundaries: in the blink of an eye a dozen crows
lose their individuality and become a flock. Same as now:
frayed seconds disappear into quarters
that transfer their worth into the afternoon's account.
Time flows but space isn't any worse:
the flock of crows cuts the sky diagonally.
It's as if a new continent were emerging
to greet halfway the nascent cartographers
and their dreams. Sooner or later the flock will break up
into birds. The sea will crumble into waves.
The waves into drops. A delicate afternoon will be calculable
like harvested grain. The room will resemble
a clock without hands.

Zielsko. Wspomnienie

Zielsko podchodziło coraz bliżej.
Wkraczało do ganku przez szpary.
Herbowe zielenie trzaskały jak z bicza
i rzucały cienie na niedogony dnia.
Była trudna, lepka wiosna z supłami
szorstkich bylin, których kolejne piętra
meldowały się na rozkaz. Pod palcami
biegł meszkowaty puls,
rozchodzący się po kątach jak po kościach.
Cały dom dosłownie pękał w stawach,
tamten splot łodyżek lub wężowisko
korzonków pod szafką; tamte wici w wolutach.
Żadnej szansy na przejaśnienie w gęsto wyplecionych koszach
kolejnych pokoi – ich unerwiona amfilada
dawała złudzenie poziomu, ale tylko na chwilę,
tak krótką, że ledwie starczało na oddech,
przygarść chlorofilu, zakrzepłego tlenu
biegnącego krwiobiegiem z gałązki na gałąź
i dalej, białymi wypustkami stropu i strychu.
To było autentyczne podlasie.
O świcie zielska wchodziły przez okna, całe w akantach.

Weeds. A Recollection

The weeds came closer and closer.
Marched onto the porch through crevices.
Heraldic greens cracked like whips
and shadows were cast on plastered walls.
It was a tough, muggy spring with knots
of hardy perennials whose every layer
stood at attention. Under fingers
ran a mossy pulse, spreading like an ache in the bones.
The entire house burst at the seams:
this tangle of delicate twigs or that snake pit
of rootlets under the cupboard; that flagellum in the volutes.
No chance of clearing in the densely woven baskets
of room after room—their innervated suite
gave the illusion of the level, but only for a moment
so brief it was hardly enough for a single breath,
a handful of chlorophyll, clotted oxygen
running through the bloodstream from branch to branch
and farther on through the white insets of the ceiling and the attic.
This was a real homemade hinterland.
At dawn the weeds were coming in through the windows, all of them
        prickly.

Czas

Grudniowy poranek. Słońce chlusnęło karminem
i zalało oba lustra w holu. Nocą zamieć, ale teraz
pokojowo, nieomal kwietnie z tymi wzorami na obrusie.
Furtka nie domyka się i nadal klepie biedę.
Górny pokład przedmieścia to rzednąca mgła i zestalone światło.
W taki czysty czas odnajduję w sobie zaległe brudy,
warstwy osiadłe przez zapamiętanie, zapomnienie.
Gdzieś w kątach osypują się minuty, godziny.
W lokalnej prasie zdjęcie dziewczynki, która jeszcze tydzień temu
była żywą pochodnią. Dalej płonie w tej wyrwie po czasie,
kiedy idę do pracy pod klasztornymi ruinami drzew,
a pociąg cierpliwie ceruje przetarty szlak.

Time

December morning. The sun has gushed out with carmine
and flooded both mirrors in the hallway. Starry night
and it's peaceful now with floral designs on the tablecloth.
The gate doesn't close, still down on its luck.
The upper story of the suburb belongs to thinning fog and solid light.
In this spotless time I see how dark I have become,
how settled and distracted, a war of attrition.
Minutes and hours chip away in the corners.
In the local paper, a photo of a little girl, who only a week ago
was a living torch. She burns on in this gap left by time,
as I walk to work under the ruined choir of trees,
and a train patiently darns the frayed trail.

Do biegu gotowi start!

A teraz biegnij do tamtego słupka, Katerino,
i jak te siedem fontann w dziwnym mieście
nazbieraj mi światła, niech zielony mostek
będzie nurtem strumienia, a drzewa niech
toną we mgle, lekko starte gumką myszką.

Gościmy w tych stronach jakby od niechcenia,
nie pragnąc nic więcej ponad te rzeźby
kolorów, które zamarły na chwilę przed startem
w nasze nieznane: tor iksowaty od nieba
do nieba, aż po suchodoły i meandryczne

parkowe ścieżki. Biegnij już. Choć oddalamy się
od siebie, przestrzeń jest nam powierniczką,
jej wysokopienne archiwa zachowają wszystko:
ruch mojej ręki, szybkie stopklatki wystaw,
twoje rozbiegane dzieciństwo.

Ready, Set, Go!

Now run to that post, Cathy,
and like the seven fountains in this strange city
gather the light, let that green bridge
rise in a slow resurrection, let the trees
collect the fragmented air.

We're visiting here casually,
desiring nothing beyond these sculptures
of color that froze momentarily before the start
into our unknown: the x-shaped track between sky
and sky, far into the dry pits and meandering

park trails. Run now. Though we're moving away
from each other, the space is our confidante,
her high forest archives preserve everything:
the movement of my hand, the freeze-frames of vistas,
your bustling childhood.

Moralitet

Oto mój miecz. Podaję ci rękę.
Pieczęć złamana. Teraz smaż się w piekle.
Niech wszystkie grzechy wyjdą
Na scenę i lekko się ukłonią
Tak żeby nikogo nie obrazić.
Scena niech utkwi im w pamięci:
Diabeł i kostucha
Anioły i gwiazda
Oblani szczodrym światłem
Zachodzącego słońca. Niech bęben
Wrzaśnie, jakby spadał ze szczytu
Kamiennych schodów. Na końcu
Niech chłopiec przyłoży pochodnię
I niechaj będzie wielki pożar świata.

Morality Play

Here's the sword. I give you my hand.
The seal is broken. Now go burn in hell.
Let all sins come out
onto the stage and bow slightly
so as not to offend anyone.
Let them remember this scene:
the devil and Death,
the angels and the star
doused with the kind light
of the setting sun. Let the drum
whoop as if it were falling from the top
of the stone stairs. At the end
a boy will flaunt the torch
and set the whole world ablaze.

Na ulicach Zachodu

Wszystko jest spokojne: fontanna w rynku, domy oplecione powojem,
kocie łby, zielone, błękitne, liście padające na dachy, damy
uśmiechnięte w łagodnym, oswojonym słońcu.
Woda w akwarium, wino w kieliszkach, ogień płonie
w kominku, trzaskają drewienka. Błogie sny
wyświetlają zakątki umysłu, i jeszcze tabletki,
telewizja. Na placu przed katedrą setki gołębi i turystów.
Starzec siedzi na ławce i wertuje Biblię,
zatrzymując wzrok na ostatnich stronach.
Gdzieś modli się chłopiec, jeszcze bogobojnie.
Na ulicach Zachodu wszystko jest spokojne.

On the Streets of the West

all is quiet: the fountain in the market square, houses wrapped in
        bindweed,
cobblestones, green, blue, leaves falling on roofs, ladies
smiling in the gentle, tame sun.
Water in the aquarium, wine in the glass, flames
in the fireplace, wood crackling. Blissful dreams
illuminate the nooks of the mind, and there are also pills,
television. Hundreds of pigeons and students in front of the cathedral.
Somewhere a boy is praying, still devoutly.
An old man sits on a bench and leafs through the Bible.
He fixes his gaze on the last page.

Sonet

Najpiękniejsze momenty to te, kiedy słońce
wsącza się przez zaciągnięte kotary.
Nic więcej ponad ten kamuflaż światła.
Środek lata, popołudnie: wstaje i od razu
bierze prysznic. Park jest uśmiechnięty.
Kolory jałowe, opustoszałe.
Stojąc nad rzeką obserwuje ptaki:
stado skręca w powietrzu, gwałtownie, jak piłka
odbita od ściany. Chmury nie zostawiają śladów.
Wraca o zmierzchu. Na jakimś tarasie kobieta
nakrywa do stołu; wykrochmalony obrus i lśniące sztućce;
ciemna skóra zrymowana z ogrodowym żwirem.
Już u siebie gubi po kątach resztki myśli.
Skrapla się: czarne krople w czarnym pokoju.

The Footnote Man

The most radiant moments are when the sun
seeps in through drawn curtains.
Nothing but the fiesta of light.
Midsummer afternoon. He rises and at once
takes a shower. The park is smiling.
Its colors irregular, emptying.
Standing by the river he digresses with the birds:
the flock turns midair, suddenly, like a ball
bounced off a wall. The clouds leave no residue.
At dusk, he returns. Somewhere
out on a deck a woman sets the table.
Her dark body rhymes with shining silverware.
Back at home. The remnants of his thoughts lie scattered.
He is blurred. The room goes blank on blank.

Notatka z podróży

Prawie wszystko jest tutaj zielone i herbaciane. Stosy liści
na drzewach, serpentyny, smugi dymu, jak ulał lub usypał.
Raz po raz drogowskazy tracą głowę i są niebowskazami
lub kolczastymi gwiazdkami znaczącymi partie
zamglonego audytorium. Opadające masy powietrza, izobary.
A wewnątrz jest pełno śrubek i przekładni, pigmenty
zmieszane z dokładnością do kilku jesiennych odcieni.
Kierowca zamienia się w tubylca. My wciąż jesteśmy
niezakorzenieni, w zgodzie z przypadkowymi pejzażami.
Reszta z widoku orła i z prądem mapy –
tak jak się widzi i przydarza; w ślepym zagajniku z *aloe vera*.
Teraz będzie pod górę; majaczy czterdziestka, jej prace i dnie;
i zgoła nic poza tym.

Po lewej mignęła nam młodość.
Nigdy tam nie byłem.

Notebook Entry

Almost everything's green and tea-colored here. Piles of leaves
in the trees, switchbacks, trails of smoke snugly heaped up.
Time and again road signs lose their heads and turn into sky signs
or prickly stars defining the outlines
of a misty auditorium. The air masses and isobars settle down.
And the inside is littered with bolts and transmissions, pigments
blended with precision to a few autumnal shades.
The driver turns into a local. We remain
uprooted, at peace with the accidental landscapes.
The most is viewed with a bird's-eye, off the map,
just as it's seen and occurs. What is next
lies uphill: the looming forties, their works and days
and nothing beyond them.

Our youth flashed by on the left,
ladies and gentlemen.
I've never been there.

Jak w zwierciadle

W tej jabłonce
pochylonej nad rowem
rozpoznaję własną formę
o jasnym konturze.

Chciałbym stać
twarzą w twarz
z drugą stroną
drzewa i nieba,

ale i tak jest dobrze:
chmury cenią towarzystwo,
zwłaszcza przed burzą,
przed wiatrem jak eksplozja
schodów, oddechem opadającym
spiralą liścia
na same dno
dna –

lecz wciąż jak w zwierciadle.

Through a Glass, Darkly

In this apple tree
bent over the ditch
I recognize my own form
with bright outlines.

I dream of pseudonyms
and of being at odds
with the selfsame account
of the tree and the sky

but this will do:
the clouds consider company
right before the storm
and the wind like explosions
of leaves, a breeze falling down
with spiraling petals
to the bottom
of the bottom

but still through a glass, darkly.

Sonet aluzyjny (2)

D.S.

Noce szemrane i białe, kiedy szpaki
śpią cichutko w bulwarach, a akwaria
przykrywa morski puch. Trawniki
opalają się w księżycu, ogniem

ledwie wyszeptanym, jakby negatyw
zmącony pod powieką. Przewrotne
samochody ciągną coraz dłuższe echa,
aż przednia straż dźwięku potyka się o siebie.

Z czołem opartym o szybę patrzę na ulicę.
Zegar wybija następną godzinę.
Dnieje? Butelki napełniają się

świtem, a kable rozmową. Miasto
przytomnieje. Zaułki wyglądają tak,
jakby ktoś niedbale omiatał je spojrzeniem.

Two Gray Seconds

for D.S.

Night leafy and white, when starlings
sleep quietly on boulevards, and aquariums
are covered by marine down. Lawns
tan in the moonlight, in fire

that barely whispers, like a negative
tired of the eyelid. Incorrect
cars tow ever-longer echoes;
the sentries of sound trip off the tongue.

With my forehead against the glass, I watch the street.
The clock strikes another hour.
Is it dawning? All neonlike, the published city

regains consciousness, and the alleys
look as if someone were meeting
their careless gaze.

Plac Teatralny

Kilka dorodnych świerków, po których wszystko spływa, rozmienia się na drobne i jeszcze drobniejsze, sczepione, drabiniaste w powiększeniu. Kilka niezłych perspektyw; reszta bez koloru lub w tonacji szaroburej, z brunatnymi piegami na wykoślawionych płytach. Kilka jamników z państwem i rozbieganym tłumem w tle, na tle bladych detali: stary żwir, łupki kory, zacieki na tyłach kiosku. Wewnętrzna granulacja, rozdrabianie od środka. W kilku miejscach utkwione oczy, pion i poziom z nagła ustalone, wpisane w ramy, z których potem zdjęcie jak z krzyża, jak z litej skały. Szpotawe chwile niosące zapowiedź wieczoru, a potem bezdusznej nocy zakończonej żółtą szpicurą wschodu.

The Theater Square

A few sturdy spruces, from which everything trickles
down, where it breaks into the tiny and smaller, clumped,
stitched when magnified. A few decent perspectives;
the rest colorless or dirty brown, with blackish freckles
on the uneven flagstones. A few dachshunds and their
owners, a restless crowd in the back, against the pale
details: old gravel, slates of bark, dampness behind a kiosk.
An interior granulation, a crumbling inwards. In several
places eyes dead-set, the vertical and horizontal suddenly fixed,
inscribed into frames, to be deposed later as if from a cross, as if
from a solid rock. Varus moments announcing the evening,
and then the heartless night ending with the yellow horsewhip
of the east.

Łubiny

Piątek. Jestem w Chróścinie.
Poezja zasłania mi widok
na ogród. W telewizji informacje
z kraju – niezbyt czysta proza,
trochę przegadana.
Nie wsłuchuję się, ale wiem:
po raz kolejny w tej dekadzie
budujemy nową Rzeczpospolitą.
Pamiętam łubiny. Kiedyś
napisałem o nich wiersz. Niedobry.
Z tego okna dobrze je było widać.
Bawię się pilotem. Stado dzikich gęsi
przelatuje po niebie. Żadnych innych
przemian w najbliższej przyszłości.
Po polach spacerują wrony.
Dzwon wzywa do kościoła
to, co zostało z wiernych.

Mallows

Friday. I'm at my parents' house.
Poetry blocks my view
onto the garden. The TV airs
national news—bad prose,
somewhat too wordy.
I'm not listening, but I know:
once again this decade
we're building a new republic.
I remember mallows. Long ago
I wrote a poem about them. A bad one.
It was easier to see them from here.
I'm playing with the remote. Wild geese
fly across the sky. No changes
looming in the near future.
Somewhere across the fields
bells call to church
those who remain faithful.

Inne tempo

Zmienia tempo,
jakby zmieniał biegi.

Jest kawa i są dwa słońca.
Po chwili pada deszcz,
a on czyta dział ogłoszeń (to też poezja).

Jest. Są. Będziemy.

Zapytuje sam siebie o wartość tego zsunięcia się
w wolne miejsce pozostałe po wyobrażeniu.

Wydaje się, że nic tam nie ma.

Ale to trwa krótko:
pod koniec słowa
wymyślają kolejną intrygę.

Bierze go inne tempo.

A Different Tempo

He's changing tempo
as if he were shifting gears.

There's coffee and two suns.
After a moment it's raining,
and he reads the classifieds.
That's poetry, too.

He is. They are. We could.

He asks himself about the value of sliding
into the spot vacated by an idea.

It seems there's nothing there.

But that's a stopgap:
in the end words
are inventing the next intrigue.

A different tempo catches on to him.

[Dwie białe łódki na białym tle]

Dwie białe łódki na białym tle.

Dwa tempa ciszy.

Cisza łódek, które myślami
są już na jeziorze.

Cisza bieli, gdy zniknęły łódki.

Dwa cienie.

[Two White Boats Against a White Background]

Two white boats against a white background.

Two tempos of silence.

The silence of the boats
whose thoughts have gone out
onto the lake.

Two silences after the boats have disappeared.

Two shadows.

Zimowa opowieść

Przez cały dzień padał gęsty śnieg.
Padał i padał. Zasypywał myśli.

W oczach mijanych ludzi
też padał śnieg. Tak gęsty,
że nie było wątpliwości:

w końcu wszyscy zaczną mówić
językiem śniegu, ledwie
słyszalnym, szeleszczącym przez całą noc
i cały następny dzień.

The Winter's Tale

It was snowing the entire day.
So heavily it buried thoughts.

In the eyes of the passersby
it snowed as well. So much of it
that there was no doubt:

in the end everybody will start speaking
in tongues of snow, barely audible,
rustling through the night
and all of next day.

Czego nie namalowali Holendrzy

Kawa w głowie, leżę na drewnianej podłodze, a za oknem hektary sadów i pól uprawnych, pranie suszące się na setkach kilometrów sznurów.

W prehistorii mojej głowy: zboża i sierpy czekające na porę żniw; rozlewiska aż po horyzont.

Idzie się tam pomiędz drzewami – kilka pionowych wstążek; doliną wypadłą z zawiasów, z deszczu pod rynnę owoców, jak lecą do rąk i zamykają usta.

Piszę na brudno w beżowym cieniu wysokiego okna. Jaskółki biorą jeszcze jeden zakręt.

Chcę wyjść poza ramę wiersza – ku temu, co bezimienne.

Chcę zrzucić poezję jak starą skórę.

Gdy bije dzwon; gdy słychać kroki; gdy zachodzące słońce jest zapieczonym gwintem.

Gdy nie masz już ochoty fantazjować przed snem; okna nie odbijają nieba;

gdy w rogu pojawia się Holandia, jaką układaliśmy sobie z liści zebranych w Delft,

a z wiersza schodzi lakier.

What the Dutch Didn't Paint

With coffee in my head, I'm lying on the wood floor, beyond the
    window acres
of orchards and farm fields, the wash drying on hundreds of
    kilometers of lines.

In the prehistory of my head: grain crops and scythes waiting for the
    harvest, wetlands reaching the horizon.

One gets there by walking among trees, through a valley fallen off
    hinges, from rain
under the gutter of fruit when they fall from hands and shut mouths.

I'm freewriting in the beige shadow of a high window. Swallows take
    another turn.

I want to walk out beyond the frame of the poem—toward what's
    unnamed.

I want to throw poetry off like an old skin.

When the bell tolls; when the footsteps swish; when the setting sun is
    pointless.

When you don't feel like fantasizing before bed; when windows don't
    reflect the sky;

when Holland shows up in the corner the way we put it together with
    leaves collected in Delft,

and the varnish is peeling off poems.

Dedykacja

Dziś wieczorem znowu zakochałem się w języku.
Przebrana miara światła wyrzuciła mnie na brzeg.
Na schodach były same frazy i szło się pod wiatr.
Zegar wybił małomówną północ.
Wędrowało się z lasu rzeczowników do doliny przysłówków
i jeszcze dalej, na rozległy płaskowyż zaimków.
Tam, w budynku o złocisto-żółtych ścianach (matowy lateks)
pieczę trzymały malwy i głośno pnące się róże.
Tory kładły się na plecy i wracały do punktu wyjścia.
Plażę sklecono z kilku wyrazów, które biły po oczach
brudną pianą. Na zachodnim niebie pruła się smuga
po niezbyt składnym odrzutowcu i jego przecinkach.
To było wcześniej, zanim znowu zakochałem się w języku,
który stał na wietrze zupełnie milczący.

Inscription

I fell in love with language again this evening.
The excess of reality had left me stranded.
The stairs were littered with phrases and headwind.
The clock struck reticent midnight.
I roamed from the forest of nouns to the valley of adverbs
and even farther, to the vast plateau of pronouns.
There, in a building of gold-yellow walls (matte latex),
mallows and loudly climbing roses were in charge.
Tracks like phrases that turn back upon themselves.
A beach was put together with a few words that hurt the eyes
with dirty foam. In the western sky a streak left
behind by a rickety jet and its commas beginning to fray.
But that was earlier, before I again fell in love with language
that stood there mute in the wind.

Powieść

Fikcje nudzą. Ale co pozostaje?
Zapach jasminów o świcie w pokoju?
Nawet nagie fakty tworzą fabułę,
której koniec znaczy kropka niepogody.

Język jest snem, z którego budzisz się
w języku. A może odwrotnie?
Może sen to język, z którego budzi się
prosto w sen? Oczyszczenie w deszczu

wystukującym tekst na szybie.
Jaśminy więdną w mroku.
A mrok to niebo odbite w łące
po powodzi. Chodź, popatrz

na lustro muskające gościniec –
wystarczy pozbawić wątki osnowy,
a wszystko staje się chaosem słońca.
Chaos męczy. Lecz do czego wracać?

Fiction

Novels are boring. But what's left to do?
The scent of jasmine in a room at dawn?
Even bare facts make up the plot

whose turn is marked by a coming of storm.
Language is a dream from which you wake
into language. Or is it backwards,

the dream lettering and waking into
another dream? One is spelled by the rain
written all over one's windows.

Jasmines wilt in the dark.
The cloudiest sky is reflected atop
a flooded meadow. Come, look

at the mirrors grazing the road—
they face us with chaos of the lights.
Chaos exhausts. But what else to return to?

Prolegomena do pierwszego wiersza

To mógłby być wiersz o Słońcu.
Wszystko skryłoby się w nim przed nocą
i jej odgałęzieniami, już nie związane
w koronach drzew i tysięcy oczu.

Wiersz o słońcu zastąpiłby wszystko,
nawet własną ideę bądź jej ziemskie widmo,
wyprzedzając nasze spojrzenia, dywygacje.

Wiersz nie przepuszczony przez pryzmat.
Wiersz będący własnym punktem odniesienia.
Wiersz na słonecznej skali
widzi mi się tak

Notes Toward a First Poem

This could be a poem about the sun.
Everything would hide in it, even nights
and their offshoots, no longer tied up
in the crowns of trees, the blues and the greens.

A poem about the sun would stand
for everything, even its own idea,
with all our gazes suddenly unfastened.

A poem unfiltered through the prism.
A poem swerving off its own points of reference.
A poem on a sunny scale
looks to me like this

Bez tytułu

Wojtkowi

Wymyślasz wiersz.
Przed snem.
Układa się jak marzenie.
Każde słowo.
Nie musisz wstawać
i zapalać lampki.
Wiesz, że rano
będziesz go pamiętał.
W końcu nieczęsto
piszesz wiersz.

Rano, zaraz po przebudzeniu,
twoja pierwsza myśl:
wiersz.
Ależ tak, pamiętasz.
Każde słowo.
Jednak teraz
słowa mają tremę.
Nie chcą zalśnić
pełnym blaskiem.

Kiedyś zrozumiesz,
czego ci będzie żal.
Nie zgubionego wiersza,
nie lśniących słów,
lecz siebie samego
w tamtej chwili
przed snem,
gdy nie musiałeś wstawać
i zapalać lampki.

Poem

for Wojtek

You think up a poem
before sleep.
It shapes itself like a dream.
Each word.
You don't have to get up
and turn on the lamp.
You know that tomorrow
you'll remember it.
After all it's not often
that you write a poem.

In the morning, right after waking,
your first thought:
the poem.
Of course, you remember it.
Each word.
But now
the words are nervous.
They don't want to shine
brilliantly.

One day you'll understand
the source of your regret.
Not the lost poem,
not the shining words,
but your own self
at that moment
before sleep
when you didn't have to get up
and turn on the lamp.

Origami

Trzy tekturowe domki,
w których nikt nie mieszka.
Czasami myślę, że przeprowadzam się
do jednego z nich.
Rozpalam w piecu,
siedzę skulony w fotelu,
a z komina leci papierowy dym.

Origami

Three cardboard houses.
Nobody lives there.
Sometimes I think I'm moving
into one of them.
I start a fire in the stove
and sit hunched in an armchair
while paper smoke rises from the chimney.

The Folding Star

It doesn't explode
but burns slowly
to the bone

It doesn't expand
but meanders through and through
in its own ways

It is always sent
to the wrong address

It snows within
and steers without
its course

Translator's Note and Acknowledgments

I wish to thank the editors of the following publications for publishing these poems:

Guernica: "Child";

Hayden's Ferry Review: "Inscription," "On the Streets of the West," "Time";

Lana Turner: "The Theater Square";

Notre Dame Review: "Notebook Entry" (as "Travel Note"), "Unfinished Translation of Vermeer";

The Southern Review: "Hebrew";

World Literature Today: "Origami," "What the Dutch Didn't Paint," "The Winter's Tale".

Jacek Gutorow is fluent in both written and spoken English, and I consulted him throughout the process of translating his work, most of which was published in Poland by Znak Publishing House and by Biuro Literackie. Anyone who can read Polish will no doubt notice that some of the translated poems differ from their Polish originals; in some cases, titles have changed, while in others, entire lines have been deleted or completely altered from the original. These changes were a mutual decision. To point them out would take away some of the fun of reading a bilingual book, so I won't. Ultimately, the changes reflect both mine and Jacek's belief that poets have the right to revise their own work whenever and however they choose. I'd also like to note that the poem "The Folding Star" doesn't have a Polish counterpart, because Jacek wrote it originally in English.

These translations would not have been possible if it weren't for the encouragement I received from many people, including Mary Jo Bang, Joshua Clover, as well as Boris Dralyuk and Cecilia Woloch, both of whom read the manuscript and offered helpful suggestions.

I am deeply grateful to Peter Conners and the entire BOA Editions family for embracing this project. Many thanks also to the Lannan Foundation for their continuing support of translated literature.

Finally, I would like to thank Jacek Gutorow for his trust, patience, and the poetry itself.

About the Author

Jacek Gutorow is a Polish poet, translator, and literary critic. He has published five books of poems, which have recently been collected and published by Biuro Literackie in *Nad brzegiem rzeki. Wiersze z lat 1990–2010* (*At the River's Edge. Poems 1990–2010*). His 1997 volume, *Wiersze pod nieobecność* (*Poems in Absentia*), was recognized as the most important debut book of the year, receiving the celebrated Kazimiera Iłłakowiczówna Award, while his most recent individual collection, *Inne tempo* (*A Different Tempo*, 2008), also published by Biuro Literackie, was nominated for the three most significant literary awards in Poland: the Nike Award, the Cogito Award, and the Gdynia Award. His work has been translated into German, Lithuanian, Bulgarian, Belarusian, Ukrainian, Czech, and Slovak.

Gutorow is also an acclaimed literary critic and translator. He has published five collections of critical essays and won the 2004 Ludwik Fryde Award from the International Association of Literary Critics. His translations include books by Simon Armitage, Wallace Stevens, and Ron Padgett, as well as work by Henry James, John Ashbery, and Charles Tomlinson. He has also translated and commented upon such figures as Ludwig Wittgenstein, Hans-Georg Gadamer, and Jacques Derrida. Jacek Gutorow teaches American and British literature at the University of Opole.

About the Translator

Piotr Florczyk is a poet and translator. With *Been and Gone* (Marick Press, 2009), he introduced the English-speaking audience to Julian Kornhauser (1946–), one of the foremost Polish poets of the Generation of '68. He is also the translator of a collection of poems by Anna Swir (1909–84), *Building the Barricade and Other Poems* (Calypso Editions, 2011). He holds an MFA from San Diego State University and has taught at the University of Delaware, San Diego State University, Antioch University Los Angeles, and at University of California-Riverside. Piotr Florczyk lives in Los Angeles, California.

The Lannan Translations Selection Series

Ljuba Merlina Bortolani, *The Siege*

Olga Orozco, *Engravings Torn from Insomnia*

GérardMartin, *The Hiddenness of the World*

Fadhil Al-Azzawi, *Miracle Maker*

Sándor Csoóri, *Before and After the Fall: New Poems*

Francisca Aguirre, *Ithaca*

Jean-Michel Maulpoix, *A Matter of Blue*

Willow, Wine, Mirror, Moon: Women's Poems from Tang China

Felipe Benítez Reyes, *Probable Lives*

Ko Un, *Flowers of a Moment*

Paulo Henriques Britto, *The Clean Shirt of It*

Moikom Zeqo, *I Don't Believe in Ghosts*

Adonis (Ali Ahmad Saʿid), *Mihyar of Damascus, His Songs*

Maya Bejerano, *The Hymns of Job and Other Poems*

Novica Tadić, *Dark Things*

Praises & Offenses: Three Women Poets of the Dominican Republic

Ece Temelkuran, *Book of the Edge*

Aleš Šteger, *The Book of Things*

Nikola Madzirov, *Remnants of Another Age*

Carsten René Nielsen, *House Inspections*

Jacek Gutorow, *The Folding Star and Other Poems*

For more on the Lannan Translations Selection Series
visit our Web site:
www.boaeditions.org

�֍